PETITE ENCYCLOPÉDIE MODERNE DU CHRISTIANISME
dirigée par Georges Carpentier et Charles Ehlinger

La prière

Pourquoi ? Comment ?

Jean-Pierre Dubois-Dumée

Devenir prière **2**
La prière chrétienne **6**
Comment priait Jésus **10**
Demander, remercier, adorer **14**
Les grandes prières **20**
Prier, à quoi bon ? **28**
Aux sources de la prière **34**
Les conseils de Jésus **40**
Ressources **46**

DESCLÉE DE BROUWER

Devenir Prière

Quand on demande à quelqu'un s'il prie, la réponse est généralement : très peu. Ou : le matin et le soir. Ou : le Notre Père et le Je vous salue Marie. Certains proclament : « J'ai fait ma prière » comme ils diraient « j'ai fini ma vaisselle ». On confond souvent la prière et les prières.

Les prières sont des chemins, des relais, certes nécessaires. Ce sont des moyens mis à notre disposition par une tradition religieuse. Une pratique.

La prière, elle, est quelque chose de plus profond. Un état : l'état de prière, comme il y a l'état de grâce. Bien plus : elle est une vie. C'est elle qui anime les prières, qui leur donne comme une garantie de vérité et la force d'un amour.
Ce qui nous est demandé, ce n'est donc pas tellement de « réciter des prières », c'est de vivre dans la prière, constamment en présence de Dieu. Devenir désir de Dieu. **Devenir prière.**

Ne pas prier, c'est laisser Dieu en dehors de l'existence, et non seulement Dieu, mais tout ce qu'il signifie pour le monde qu'il a créé, le monde où nous vivons.

Mgr Bloom, archimandrite

Prions pour que le Seigneur mette en nous de quoi se servir de nous.

Teilhard de Chardin, lettre à Jeanne Mortier

PRIER, C'EST AIMER

Pour y parvenir, nous avons une **relation** à établir, une relation avec Dieu. Moins une « élévation » vers un Dieu lointain qu'une intimité avec un Dieu qui est au plus profond de nous-même, un Dieu qui nous attend, un Dieu qui nous écoute, même s'il ne semble se manifester que par le silence. **Un Dieu qui nous aime** et que nous aimons. Prier, c'est aimer.
Cette relation personnelle peut aller jusqu'à une sorte d'union. Nous ne cherchons pas à faire venir un Dieu qui serait, au départ, extérieur à nous. Nous cherchons à contempler un Dieu qui est déjà en nous et à nous unir à lui. De là tant de prières d'amour, comme celles de sainte Gertrude, ou d'abandon, comme celles de Charles de Jésus, le Père de Foucauld, qui proclamait : « La meilleure prière est celle où il y a le plus d'amour. »

Quand on aime, on voudrait parler sans cesse à l'être qu'on aime ou au moins le regarder sans cesse : la prière n'est pas autre chose.

Charles de Foucauld

La prière c'est...

- Une élévation de l'âme vers Dieu. (Jean Damascène, VIIIe siècle.)

- Rien d'autre qu'une union avec Dieu. (Curé d'Ars.)

- Un ami qui parle à un ami et qui sait se taire pour l'écouter. (Saint Ignace de Loyola.)

- Un entretien avec Dieu. (Grégoire de Nysse, IVe siècle.)

- La clé de l'Écriture Sainte. (Isaac le Syrien, VIIe siècle.)

- Le cœur à cœur intime où toute âme s'écoule en Dieu, tandis que Dieu s'écoule en elle pour la transformer en Lui-même. (Élisabeth de la Trinité.)

- Accepter de se laisser faire par Dieu. (Madeleine Delbrêl.)

- La plénitude de l'attention. (Simone Weil.)

- Cette attention d'amour qui nous maintient face au Visage unique. (Maurice Zundel.)

- La prière, ce n'est pas beaucoup penser ; la prière, c'est beaucoup aimer. (Thérèse d'Avila.)

- Ce n'est pas une pratique, mais une vie. (Jean Laplace.)

- C'est s'exposer à Dieu, comme on s'expose au feu, au soleil, à la lumière. (Louis Evely.)

- C'est une possibilité de rencontre avec Dieu et avec soi-même. Un moment de grâce, d'abandon, d'acceptation, une manière de dire oui à la création et à son Créateur, oui à la vie qu'elle recèle, oui à la foi et à l'espérance qui s'en réclament, à la joie, à la fraternité. (Elie Wiesel.)

- **Et pour vous ?**

Prière mystique alors, dira-t-on. Pourquoi pas ? La prière a un aspect mystique dans la mesure où elle dépasse la relation sentimentale ou intellectuelle. On remarque parfois, chez les chrétiens engagés, une hésitation ou un recul devant ce qui est « mystique », parce qu'ils imaginent tout de suite des manifestations extraordinaires ou extravagantes, des visions, des lévitations, des délires. Mais la mystique, c'est le désir simple et lancinant d'un Dieu présent dans notre vie.

Dieu nous rend souvent visite, mais la plupart du temps nous ne sommes pas chez nous.

Jean Tauler, mystique du XIVe siècle

LA PRIÈRE ET LA FOI

La prière ainsi conçue ne va pas sans une foi, la foi en Dieu. Mais il est vrai aussi, inversement, qu'il n'y a pas de foi véritable sans prière, c'est-à-dire sans une relation entre Dieu et nous. Autrement la foi ne serait qu'une construction de l'esprit. Elle n'aurait pas de chair. Elle n'aurait pas de vie.

Ainsi la foi nourrit la prière et la prière nourrit la foi. On prie parce qu'on croit en Dieu, mais il arrive aussi qu'on prie un Dieu auquel on ne croit pas, ou si mal, justement pour obtenir la foi. On prie pour trouver Dieu. La prière est une tête chercheuse.

Dans ses carnets de 1978, Albert Cohen, écrivain formé à la synagogue, mais athée, a publié des psaumes qui sont de véritables défis : « Une dernière fois, je te dis que je veux croire en Toi... Montre-moi que Tu n'aimes, aide-moi à croire malgré mes blasphèmes et mes moqueries... Aie pitié de cet infidèle qui n'a pas eu la chance d'une foi transmise. Je n'attends ma foi que de Toi. Est-ce une faute de n'attendre que de Toi ? »

N'est-ce pas une contradiction bien étrange que les hommes puissent tout ensemble croire en Dieu et le prier si peu et si mal.

Georges Bernanos, Dialogues des Carmélites

Finalement foi et prière se tiennent comme deux mains jointes. La foi n'est pas un objet qu'on possède, un caillou qu'on tient dans ses mains, c'est une quête et une conquête sans cesse recommencées, dont la prière est tout ensemble l'expression et l'instrument.

Et de même qu'on ne peut pas séparer la prière de la foi, on ne peut pas non plus la séparer de la pensée, du sentiment, de l'action, de la volonté. Elle n'est pas un domaine à part. Elle n'est pas une île. Elle est une dimension de toute notre activité humaine, une manière d'être. Inutile de vouloir la plaquer sur notre vie puisqu'elle est déjà, au moins en germe, **dans** notre cœur, c'est-à-dire au plus profond de nous-mêmes.

Prier n'est pas une charge, c'est un don. Ce n'est pas une contrainte, c'est une liberté. Ce n'est pas un poids, c'est une joie.

Jean-Paul II

La prière chrétienne

PARTOUT IL Y A DES HOMMES QUI PRIENT

J'ai rencontré, au Musée du Caire, un gardien musulman qui égrenait son chapelet avant d'aller se prosterner à la mosquée. J'ai vu, au Mur de Jérusalem, des Juifs réciter les psaumes dans un mouvement de balancier. J'ai entendu des chants araméens dans la langue du Christ. J'ai lu au pied des pyramides l'étonnante prière de Pharaon Akénaton au Dieu unique. J'ai écouté les appels émouvants des Sumériens (quatrième millénaire avant Jésus-Christ) et ceux des Hittites de Mésopotamie. J'ai prié avec les invocations au Dieu suprême des paysans incas, je me suis recueilli à l'aide de textes du Véda de l'Inde. J'ai chanté des negros spirituals et j'ai récité ma prière du matin avec les mots d'Africains animistes.

Partout et depuis toujours, il y a des hommes qui prient. Leur prière n'est certes pas toujours semblable à la mienne. Mais je n'ai pas à en juger la ferveur. En fait, j'y ai trouvé beaucoup de bénédictions, des sentiments d'adoration, des appels à la miséricorde et à la fraternité (malgré, parfois, des manifestations d'intolérance), un certain sens du péché, et même l'attente d'un Sauveur ou l'espoir d'un Royaume de tendresse, de justice et de paix.

« C'est de toi, Seigneur, que j'espère le pardon de mes fautes au jour du Jugement, accorde-moi la sagesse, ne me fais pas un triste sort au jour de la Résurrection. » Cette prière n'est pas tirée de la Bible, mais du Coran. Et celle-ci : « Viens à moi, ô Dieu, et prends soin de moi. En dehors de Toi, nul ne fait rien pour moi, Tu es l'unique, reviens à moi, ô Dieu, jour après jour. » On la croirait tirée des Psaumes, mais c'est une invocation au Dieu Soleil, en Égypte, et elle date du deuxième millénaire avant Jésus-Christ.

Quant aux demandes intéressées, aux invocations mal adressées, aux malédictions effrayantes, que nous critiquons

**À cet instant même, sur toute la terre, des chrétiens prient : des juifs, des musulmans, des bouddhistes prient.
Je ne crois pas qu'il y ait une seule seconde de la durée où il n'y ait pas une âme humaine en prière...
Nous ne sommes pas seuls.
Il y a partout la paix de la prière, partout les lueurs de la grâce, il y a l'Église des âmes.
Nous sommes un peuple de petites flammes tranquilles dans la nuit, qui s'allument de l'une à l'autre et se propagent dans les ténèbres.**

**Petru Dumitriu,
Au Dieu inconnu,
éd. du Seuil, Paris, 1979**

volontiers, on en trouve aussi dans des prières de la tradition chrétienne, trop semblables à des prières païennes. Alors qu'est-ce qui, dans le phénomène global de la prière, définit la prière chrétienne ?

NOTRE PRIÈRE, C'EST CELLE DU CHRIST EN NOUS

Notre prière, c'est celle que le Christ adresse en nous à son Père, et que nous faisons nôtre avec l'aide de l'Esprit-Saint. La prière chrétienne, c'est prier Dieu le Père, par le Fils, dans l'Esprit. Voilà pourquoi nous commençons et nous finissons toutes nos prières en disant : « Au nom du Père, et du Fils et du Saint-Esprit ».
L'Esprit est le don qui vient au secours de notre faiblesse (Romains 8, 26-27). Il intercède lui-même pour nous. « Il nous guide de l'intérieur, écrit Jean-Paul II, il est présent dans notre prière et il lui donne une dimension divine. »
Prière d'amour avant tout, prière d'action de grâces, prière d'adoration. Voilà le cœur de notre prière, de la prière de notre cœur.
Mais, cette prière, nous l'étouffons par tout ce qui nous encombre, nous la tournons égoïstement vers nous-mêmes au lieu de la tourner vers Dieu. Absence de transparence. Absence de gratuité. La prière chrétienne ne donne droit à rien, parce que c'est une grâce, un don qui est le Christ lui-même. L'obstacle vient de nous et de nous seuls.
C'est pourquoi nous devons prier le Père **« en son nom »** à lui, le Fils. On n'insiste pas assez sur ces trois mots, quand on cite les phrases bien connues : « Ce que vous demanderez **en mon nom,** je le ferai... Tout ce que vous demanderez **en mon nom,** il vous le donnera... Jusqu'à présent vous n'avez rien demandé **en mon nom.** » Prier « au nom du Christ » définit la prière chrétienne.

La foi à Jésus, Fils de Dieu, est l'âme de la prière chrétienne.

Donatien Mollat

***Avant* d'être un moyen, la prière est l'expression de ce que je suis devenu par grâce. Je ne prie pas *pour* entrer dans le royaume de Dieu, mais *parce que* Dieu m'a fait entrer gratuitement dans son Royaume. Je prie parce que le Christ m'a introduit auprès du Père.**

Mgr Coffy,
archevêque de Marseille

NON PAS CHANGER DIEU PAR LA PRIÈRE, MAIS NOUS CHANGER

De là découlent les caractères qui sont — ou qui devraient être — ceux de la prière chrétienne : la confiance, l'amour, la grâce, le pardon (car pardonner est le propre de Dieu), le sens communautaire (un même Père nous fait tous frères dans un peuple en marche), l'attente du salut apporté par Jésus.
Il ne s'agit pas de changer Dieu par la prière (ce serait alors une prière païenne), il s'agit de **nous** changer, avec l'aide de

La prière chrétienne est une prise de conscience de l'appel de Dieu,
un consentement
au dessein de Dieu,
à la proposition de Dieu.

Louis Evely

l'Esprit-Saint. Saint Jean nous l'a dit : « L'amour consiste en ceci que ce n'est pas nous qui avons aimé Dieu, mais Dieu qui nous a aimés le premier. » Il s'est fait pour cela le dernier. Il nous a tout donné. À nous de le laisser faire en nous tout ce qu'il aime. À nous de nous préparer au Royaume et de commencer à le construire, ici et maintenant.

Un pharaon d'Égypte

Comme elles sont nombreuses tes créations !
Cachées au visage des hommes,
Ô Dieu unique, à qui nul autre n'est semblable.
Tu as créé la terre selon ton désir...
Qu'ils sont efficaces tes desseins, Seigneur de l'Éternité !

Akhénaton (Égypte, vers 1350 avant J.C.)

Le début du Coran

Louange à toi, Seigneur des mondes,
le clément, le miséricordieux,
le roi du jour du jugement.
C'est toi que nous adorons,
C'est toi dont nous implorons le secours.

Le Gloria des premiers chrétiens

Bienfaiteur de tous ceux qui se tournent vers toi,
lumière de tous ceux qui sont dans les ténèbres,
principe créateur de toutes les semailles,
jardinier de toute croissance spirituelle,
aie pitié de moi, Seigneur,
et fais de moi un temple sans reproche.
Ne considère pas mes péchés :
si tu prends garde à mes fautes
je ne pourrai plus soutenir ta présence,
mais par ton immense miséricorde
et ta compassion infinie,
efface mes souillures,
par notre Seigneur Jésus-Christ,
ton unique enfant, très saint,
le médecin de nos âmes.
Par lui te soient rendus toute gloire,
puissance, honneur et magnificence,
dans les âges des âges qui ne vieillissent
ni ne finissent ! Amen.

A. Hamman, *Prières des premiers chrétiens,* éd. Desclée de Brouwer.

Comment priait Jésus

Puisque toute prière chrétienne se fonde en Jésus-Christ, il convient de scruter l'Évangile pour y rencontrer le Christ en prière. Il n'est pas seulement le messager de la prière, il est le message lui-même, il est le cœur du message. Il n'est pas seulement un maître de prière, il est le cœur de la prière.

« NON PAS MA VOLONTÉ MAIS LA TIENNE »

On peut alors s'étonner de ne pas voir la prière tenir plus de place dans le récit des évangélistes. Nous voyons Jésus prêcher, enseigner, guérir. Nous le voyons plus rarement prier.

En fait, il ne peut pas en être autrement. Sa prière est ce qu'il y a en lui de moins public. Rares ont été les occasions, pour les Apôtres eux-mêmes, de prier avec lui. Et, quand cette occasion se présentait, ils s'endormaient! Comme nous aurions sans doute fait. Comme nous faisons aujourd'hui, faute de savoir ou de vouloir vraiment veiller avec lui.

Au mont des Oliviers, Jésus, au moment de sa plus grande détresse et de sa plus grande épreuve, dit aux disciples qui l'avaient accompagné: « Ainsi vous n'avez pas eu la force de veiller une heure avec moi! » Reproche cinglant qui résonne en chacun de nous.
Il ajoute: « Veillez et priez pour ne pas entrer en tentation » (Matthieu 26, 36-46; Marc 14, 32-42; Luc 22, 39-47). Quelle tentation? Celle de dormir, celle de désespérer — la plus grave des tentations, disait Péguy. On a pu croire que le Christ allait y succomber quand il a demandé que le calice s'éloigne de lui. Mais il a, dans un deuxième temps, ajouté: « **Cependant,** que ce ne soit pas ma volonté qui se fasse, mais la tienne. »
S'abandonner à la volonté du Père, c'est donc bien l'essence de la prière, comme c'est le secret de l'Incarnation. C'est pourquoi Jésus est la prière faite homme.

À Gethsémani

Entré en agonie, il *priait* avec plus d'insistance... S'étant relevé de sa *prière,* il vient à ses disciples et les trouve endormis de tristesse: « Comment, leur dit-il, vous dormez! Levez-vous et *priez,* afin de ne pas entrer en tentation. »

Luc 22, 39-46

La prière est le courage d'affronter les décisions importantes.

Cardinal Martini,
Itinéraires de prières
éd. Mediaspaul, 1984

On retrouve, en ce moment décisif de la Passion, l'accent du Notre Père, avec le même mot familier : « Abba » (chez Marc) et le même souci que la volonté du Père soit faite. C'est bien l'essentiel de la prière : Jean ne cesse d'insister sur ce point, dans ce qu'il a retenu des propos du Christ : « Ma nourriture est dans la volonté de celui qui m'a envoyé » (4, 34).

SELON SAINT JEAN

C'est Jean justement qui présente le mieux la démarche du Christ dans l'un des plus fameux textes qui soient, celui qu'on appelle la « prière sacerdotale ». Prière d'intercession, que Jean situe au cours de la dernière soirée du Christ (tout le chapitre 17 de son évangile), mais surtout prière qui récapitule toute sa vie. Prière d'amour mutuel. Prière d'offrande de soi. Prière de Toi et moi. Prière de confidence. Prière de louange. Prière du Royaume. Prière de la vie éternelle. Prière de l'unité dans l'amour. Modèle ou, si l'on préfère, anticipation de notre propre prière. « La relation de Jésus au Père doit servir de norme pour les chrétiens dans leur union avec le Christ » (Jean-Louis d'Aragon, dans **La Bible en prière**).

À partir de ce texte extraordinaire de Jean (cf. extraits p. 13), on peut relire tous les passages où les évangélistes font allusion à la prière de Jésus. Le contenu, nous l'entrevoyons maintenant. Reste à examiner les occasions. Elles sont simples : à chaque moment important de sa mission.

DANS TOUS LES MOMENTS IMPORTANTS

Jésus prie au moment où il reçoit le baptême de Jean-Baptiste (Luc 3, 21-22). C'est souvent Luc qui évoque la prière de Jésus. Et tout de suite la relation Père-Fils est affirmée par la voix qui vient du ciel : « Tu es mon Fils. »
Jésus prie au moment où il inaugure sa prédication à travers la Galilée (Marc 1, 35).
Il prie au moment où il constitue l'équipe de ses douze disciples (Luc 6, 12).
Il prie à la fin d'un de ses miracles les plus importants : la multiplication des pains (Marc 6, 46 et Luc 9, 18).
Il prie au moment de la Transfiguration (Luc 9, 28).
Il prie juste avant que les disciples, le voyant prier, lui demandent de leur apprendre comment ils doivent faire, et c'est le Notre Père (Luc 11, 1).
Il prie au moment de l'Eucharistie (il rend grâces).
Il prie pour Pierre, juste avant le reniement (Luc 22, 32).

Jésus prie *avant* et *après* l'action, que ce soit prédication ou guérison.

Premier mouvement, aussi souvent qu'il le peut, il se retire dans la solitude (un désert, une montagne).
Deuxième mouvement, on vient l'appeler : « Tout le monde te cherche » (Marc 1, 37). Il rejoint les gens, la vie quotidienne ; il partage leurs soucis. « Sa réputation se répandait de plus en plus et la foule accourait pour l'entendre et se faire guérir de leurs maladies » (Luc 5, 15).
Après quoi il s'éloigne de nouveau ; troisième mouvement : pour retrouver son Père dans la prière : « Lui, il se retirait dans les lieux déserts et il priait. » (Luc, 15-16).

Ainsi y a-t-il *un va-et-vient constant* de la prière à l'action et de l'action à la prière.

Il prie, on l'a vu, à Gethsemani, mais aussi au Calvaire pour les bourreaux (Luc 23, 34) et pour être fidèle à sa propre mission : « Mon Dieu, mon Dieu, pourquoi m'as-tu abandonné ? » (Marc 15, 34, ainsi que Matthieu 26, 36 et Luc 23, 46) : « Père, entre tes mains, je remets mon esprit. »

Jésus priait beaucoup, car il vivait en dialogue constant avec son Père. Mais les disciples ne le voyaient pas. Ils n'ont retenu que les grandes occasions. En ces occasions-là, d'ailleurs, le Christ généralement s'en allait à l'écart. Il se retirait dans la montagne. Il s'éloignait de la foule pour aller retrouver son Père. Il faisait retraite, en quelque sorte. Non pas pour oublier sa mission, mais pour avoir la force de l'accomplir, quoi qu'il lui en coûtât.

La prière du Christ avant la passion :

Père, l'heure est venue :
glorifie ton Fils,
afin que ton Fils te glorifie.

J'ai manifesté ton nom aux hommes...

Maintenant ils ont reconnu
que tout ce que tu m'as donné vient de toi...

Sanctifie-les dans la vérité :
ta parole est vérité...

Comme toi, Père, tu es en moi et moi en toi,
qu'eux aussi soient en nous
afin que le monde croie
que tu m'as envoyé.

Père juste,
je leur ai fait connaître ton nom
et je le leur ferai connaître,
pour que l'amour dont tu m'as aimé soit en eux
et moi en eux.

Jean 17, extraits

Demander, remercier, adorer

Nombreux sont les chemins de la prière. Mais finalement ils se rejoignent dans le même désir d'accueillir Dieu au plus profond de soi. Il y a plusieurs portes au Royaume. À chacun de trouver la sienne.

LA PRIÈRE DE DEMANDE

On ne peut pas demander n'importe quoi

C'est la plus fréquente, la plus instinctive, qu'il s'agisse de soi ou des autres : par exemple, pour obtenir la guérison d'une maladie, le succès à un examen, la réussite d'une entreprise — ou encore le recul de la misère, la fin de la sécheresse ou la punition des méchants.
Les païens faisaient exactement la même chose quand, sous l'empire de la peur ou de la souffrance, ils s'adressaient à leurs idoles. Donnant-donnant.

Cela ne doit pas nous étonner. Le mot « prier » a la même racine que demander. Et puis cette prière, si intéressée soit-elle, est une reconnaissance de faiblesse et de pauvreté. Il est trop facile de s'en moquer.
D'ailleurs le Christ n'a-t-il pas déclaré : « Demandez et l'on vous donnera » (Matthieu 7, 7 et Luc 11, 9), ou encore : « Tout ce que vous demanderez dans une prière pleine de foi, vous l'obtiendrez » (Matthieu 21, 22).
Mais justement il a dit, aussitôt après : « Mais que ta volonté soit faite et non la mienne. » Il a précisé, à plusieurs reprises : « Ce que vous demanderez **en mon nom**, vous le recevrez (Jean 14, 14). Et même : « Vous l'avez déjà reçu » (Marc 11, 24).

On ne peut pas demander n'importe quoi. Dieu n'est pas un distributeur automatique. Il ne nous donne pas ce qui dépend de la marche du monde ou de notre liberté. Ce qu'il attend que

Ce ne sont pas nos demandes qui transforment le dessein de Dieu, mais le don de Dieu qui transforme nos demandes.

Patrick Jacquemont

Le but de la prière est moins d'obtenir ce que nous demandons que de devenir autres.

Julien Green

Dieu nous donne non pas ce que nous lui demandons, mais ce qu'il nous faut.

Léon Bloy

nous demandions, ce n'est pas la guérison mais la patience, ce n'est pas la fortune mais le courage, ce n'est pas la chance mais la charité et la fraternité. « Avez-vous prié pour dominer la passion et, en particulier, la haine et le mépris ? » demandait le cardinal Saliège à ses auditeurs. Avez-vous prié pour ne pas commettre de calomnies, de médisances ? Avez-vous prié, d'un mot, pour être plus chrétien, plus chrétienne ? Saint Paul constatait : « Nous ne savons ce que nous devons demander **pour prier comme il faut** » (Romains 8, 26).

Le but de la prière « n'est pas d'obtenir que Dieu fasse notre volonté, mais que nous fassions la sienne » (« Prier en chrétiens », dans **Mission chrétienne,** octobre 1977). Et c'est ce qui nous donne le désir et l'obligation de prendre les moyens pour accéder au Royaume que définissent les Béatitudes.

Prions que le Seigneur mette en nous de quoi se servir de nous.

Teilhard de Chardin, lettre à Jeanne Mortier

Prie, mais pas, comme d'habitude, pour demander que Dieu t'exauce. C'est toi qui dois exaucer Dieu, tu le sais bien.

Texte quaker

« Il y en a qui sont inquiets pour les jardins, d'autres pour la prairie, d'autres pour les cochons, d'autres parce qu'ils ne savent plus quoi mettre dans leurs pastis ! Ces prières que vous avez la prétention de lui faire entendre, ce sont des prières pour les haricots, des oraisons pour les tomates, des alleluias pour les topinambours, des hosanna pour les coucourdes ! Allez, tout ça c'est des prières adolphines*. Ça ne peut pas monter au ciel, parce que ça n'a pas plus d'ailes qu'un dindon plumé. »

Sermon du Curé de **Manon des sources** (Marcel Pagnol) à propos de l'eau de la source qui ne coule pas.

* Adolphin, un cousin qui ne vient que lorsqu'il a besoin de quelque chose : une charrue, un fagot...

LA PRIÈRE D'ACTION DE GRÂCES

En apparence le contraire de la précédente. Non plus « s'il te plaît » mais « merci ». Avec, toutefois, la même question sous-jacente : remercier, mais de quoi ? Pas de la richesse ou du succès, pas de la chance. Des merveilles de la nature ? Bien. Mais alors que dirons-nous devant la terre qui tremble ou le volcan qui vomit son gaz carbonique ? Certains voient dans ces catastrophes une raison de ne pas croire en un Dieu que nous affirmons bon et miséricordieux.

Plus qu'un merci

Notre action de grâces est au-delà. Notons d'abord qu'elle est beaucoup plus qu'un simple merci. C'est une action, c'est-à-dire non pas un merci passif et tardif mais une activité, une prise de participation dans le chant de la création à son Créateur, un engagement pour aujourd'hui et pour demain

Vous priez en votre détresse et votre besoin : puissiez-vous prier aussi dans la plénitude de votre joie et en vos jours d'abondance.

Khalil Gibran, Le Prophète éd. Casterman

dans le développement de la vie chrétienne. Car la grâce (qui est un don) appelle l'action de grâces, à la fois réponse et nouvelle attente ou nouveau départ, collaboration à la construction d'un monde meilleur. Action de grâces (au singulier ou au pluriel, peu importe), quelle étonnante expression, spécifiquement religieuse. On dit bien, d'ailleurs « **rendre** grâces », c'est-à-dire redonner, relancer, répandre ce qu'on a reçu.

Et ce qu'on a reçu, ce n'est pas tel ou tel bienfait, c'est Dieu lui-même. Nous rendons grâces à Dieu d'exister et de nous avoir manifesté son amour. « Rendez grâces au Seigneur, car il est bon, car éternel est son amour », dit le psaume 136 que nous chantons si volontiers. Tout est exprimé dans cette prière, surtout quand on sait que cet amour s'est traduit par l'Incarnation de Jésus-Christ qui, proche de nous, nous conduit sur le chemin du salut.

« Père, je te rends grâces »

En priant ainsi, nous imitons l'attitude de Jésus lui-même, qui ne cesse de rendre grâces à son Père. C'est le cœur de sa prière, telle qu'on peut la percevoir à travers les évangiles. « Père, je te rends grâces d'avoir révélé ton nom aux petits (Matthieu 11, 25)... « Père, je te rends grâces de ce que tu m'exauces toujours » (Jean 11, 41). Lorsque Jésus prend les sept pains et les poissons, il rend grâces (Matthieu 15, 36) et il fait de même au moment de la Cène (Matthieu 26, 27). Toute la prière de Jésus, et toute sa vie, est action de grâces.

Et nous-mêmes, nous devons vivre dans l'action de grâces, non pas pour tel ou tel bienfait, telle ou telle réussite, mais pour la foi et pour l'amour. Foi et amour de Dieu, foi et amour du Christ, foi et amour de tous ceux qui vivent dans l'imitation de Jésus, c'est-à-dire tous les saints d'hier et d'aujourd'hui.

Dans la messe

Nous retrouvons, tout au long de la célébration eucharistique, des actions de grâces. On ne l'a peut-être pas assez remarqué :
— dans le **Gloria :** « Nous te rendons grâces pour ton immense gloire. »
— dans la **Préface :** « Il est juste de te rendre grâces, toujours et partout. »
— dans le **Sanctus :** « Béni sois-tu » (ce qui est une façon de rendre grâces).
— à la **Consécration :** « Il prit le pain, il rendit grâces... »

En Saint-Paul :

Grâces soient rendues à Dieu, par Jésus-Christ, notre Seigneur (Romains 7, 25).

Grâces soient rendues à Dieu pour son don ineffable (2 Corinthiens 9, 15).

Je suis plein de reconnaissance envers celui qui m'a donné la force, Christ Jésus notre Seigneur (1 Timothée 1,12).

Chantez à Dieu dans nos cœurs, votre reconnaissance, par des psaumes, des hymnes et des chants inspirés par l'Esprit (Colossiens 3, 16).

En toute situation, soyez dans l'action de grâces, car c'est la volonté de Dieu à votre égard dans le Christ Jésus (1 Thessaloniciens 5, 18).

LA PRIÈRE D'ADORATION

Je t'aime

C'est l'aspect le plus **contemplatif** de la prière. Ce mot ne doit pas faire peur. Il n'y a pas de vie chrétienne profonde sans un regard ou au moins un désir de contemplation. Il en est de l'amour de Dieu comme de l'amour entre un homme et une femme : une manière de s'aborder, de s'accueillir, de se regarder — même sans recourir à la parole. « Quel bonheur d'aimer Dieu », disait le Curé d'Ars.

De l'adoration on peut rapprocher la louange. On la trouve dans l'Ancien Testament : prières de Moïse, de David, de Tobie, de Judith et particulièrement certains psaumes. On la trouve dans le Nouveau Testament, tantôt sous la forme de la bénédiction (le **Benedictus** de Zacharie), ou sous la forme de l'exultation (le **Magnificat** de Marie). On peut mettre aussi, dans cette catégorie, les hymnes (comme le **Gloria** de Noël). Mais cette notion de la « gloire de Dieu » est parfois déformée : on l'identifie trop souvent à la Toute-Puissance. La gloire de Dieu n'est pas du même ordre qu'une spectaculaire et bruyante victoire. La gloire de Dieu, c'est d'aimer et d'être aimé.

Je cherche ton visage

Il ne faudrait pas croire, toutefois, que cette prière d'adoration ou ce chant de louange soient faciles. Il s'agit plus souvent d'un cheminement que d'un aboutissement et d'un désir que d'une possession.

On est frappé de constater que les plus grands adorateurs de Dieu, saint Augustin, par exemple, ou saint Anselme, ou sainte Thérèse d'Avila, sont toujours en quête de Dieu-Amour. Leur refrain, inspiré par les psaumes, c'est bien : « Je cherche ton visage. » Ainsi saint Augustin écrit-il dans son *Traité sur la Trinité :* « Autant que je l'ai pu, je t'ai cherché, Seigneur mon Dieu, mon unique espoir, permets que je croie : je ne cesse de te chercher. Fais que toujours je scrute ardemment ton visage. Donne-moi la force de te chercher, Toi qui m'as donné l'espoir de te trouver. »

En ce sens, il est certain que des chrétiens apparemment assurés ne sont pas forcément les plus proches de Dieu et que des non-chrétiens, dans leur recherche, en sont parfois très proches, au contraire. Impossible de juger de l'extérieur ce qui se passe dans le secret des cœurs.

Plus l'homme deviendra homme, plus il sera en proie à un besoin toujours plus explicite, plus raffiné, plus luxueux d'amour.

Teilhard de Chardin

La valeur d'une vie, c'est son poids d'adoration.

Père Monchanin

Ô Toi infiniment Bon,
Infiniment Aimant,
Infiniment Grand,
Infiniment Simple,
Totalement Immuable,
Éternel,
Tout-Puissant,
Infiniment
Miséricordieux,
Fort et Doux,
Intelligent,
Sage, Parfait, Saint,
Je T'adore.

Extrait de la prière d'adoration des monastères de Bethléem

Je cherche ton visage,
Seigneur,
ne me cache pas ton
visage.
Désormais, Toi, mon
Seigneur et mon Dieu,
enseigne-moi au plus
profond de mon cœur,
où et comment je dois te
chercher,
où et comment je te
trouverai.
Si tu n'es pas en moi, où
dois-je te chercher ?
Mais si tu es partout
présent,
d'où vient que je ne te voie
pas ?

Saint Anselme (XIIe siècle)

LA PRIÈRE DE REPENTIR, APPEL AU PARDON

Pardon !

Prière dans laquelle on reconnaît qu'on est pécheur. Appel à la miséricorde de Dieu : « Seigneur, prends pitié », en même temps qu'exercice du pardon à l'égard des autres, car le pardon qu'on reçoit et le pardon qu'on donne sont liés. Il n'y a pas de prière vraie, pas d'élan d'amour sans cette reconnaissance que nous sommes pécheurs, sans cette humilité et cette pauvreté. Dès les premiers siècles, les chrétiens étaient considérés comme les « hommes du pardon ».

Pitié pour moi, mon Dieu, dans ton amour,
Selon ta grande miséricorde, efface mon péché
Lave-moi tout entier de ma faute,
Purifie-moi de mon offense.

Psaume 51

Une seule et même prière

Ainsi voit-on, par cette rapide analyse, que les formes principales de la prière — et on pourrait en ajouter bien d'autres — ne sont pas des catégories étrangères les unes aux autres. On ne peut pas adorer Dieu dans la confiance sans la conscience de son propre péché, sans le désir de rendre grâces et sans l'appel au Seigneur pour nous aider à trouver le chemin du Royaume. Demande, action de grâces, adoration, louange, repentir, ce ne sont même pas des moments de la prière, ni une sorte de chronologie de son développement, ce sont plutôt les composantes, indivisibles et convergentes, d'une seule et même prière qui consiste à vivre en présence de Dieu, à l'accueillir au plus profond de soi, à s'en remettre à Lui — à se remettre en Lui.

Si nous reconnaissons nos péchés, lui qui est fidèle et juste il nous pardonnera nos péchés et nous purifiera de tout ce qui nous oppose à lui.

1 Jean 1,5

À chacun sa porte

Le principal est d'entrer dans la prière, que ce soit par la porte de la demande, si humble soit-elle, par la porte de l'action de grâces, par la porte de l'adoration, par la porte du repentir ou par celle de l'allégresse, de la tendresse, de l'abandon, de l'émerveillement, de la déférence, de l'attention, de la vigilance, de la communion, de la détresse ou même de l'impatience.

Il y a toujours, pour chacun, selon les événements, les sentiments, l'âge, l'une ou l'autre des portes qui est ouverte. Le Royaume, tout entier, est derrière votre porte.

On peut aussi distinguer des prières à Dieu le Père, des prières au Fils, des prières à l'Esprit, des prières à Marie, des prières aux saints. Les trois premières sont liées, comme sont liées les personnes de la Trinité. Les prières à Marie et aux saints sont plutôt des prières avec eux. Ils sont des accompagnateurs. Les accompagnateurs peuvent nous rendre de grands services. Ils sont tellement divers et parfois si proches de nous !

Trouvez la porte de votre cœur, vous découvrirez la porte du Royaume de Dieu.

Saint Jean Chrysostome

Les grandes prières

LA PRIÈRE DES PRIÈRES : LE NOTRE PÈRE

Prière fondamentale et irremplaçable

Elle nous a été enseignée par le Christ lui-même qui nous associe ainsi à sa propre prière au Père, à l'intérieur de la Trinité. Seuls Matthieu et Luc (avec de légères différences) nous la rapportent (Matthieu 6, 9-13 et Luc 11, 2-4). Mais ses principaux thèmes se trouvent aussi, dispersés, dans les deux autres évangiles, par exemple : Dieu-Père, le pardon, le pain.

Prière pour l'avènement du Royaume des cieux

Le Royaume est celui que représentent les Béatitudes et les Paraboles. Le Notre Père est pour ainsi dire la version prière du message des Béatitudes. Il faut toujours les mettre en rapport.

Prière chrétienne par excellence

Le Notre Père est même la prière qui « constitue » le chrétien. Dans les premiers temps de l'Église, les catéchumènes n'avaient le droit de le dire qu'après leur baptême. C'était comme un privilège. Un signe. La carte d'identité du chrétien. Par la suite, le Notre Père a été intégré à la célébration eucharistique dont il est un élément important, puisque Jésus nous a laissé, avec le mémorial à faire (la consécration), cette prière à dire.

Une prière qui est plus qu'une prière

Ce qui compte ; ce n'est pas seulement le texte. Les disciples n'ont pas demandé à Jésus de leur donner **une** prière, mais de leur « apprendre à prier ». Le Notre Père n'est donc pas seulement le modèle, l'archétype des prières, il en est la

**Je suis leur père, dit Dieu.
Mon fils le leur a assez dit,
que je suis leur père.
Il a bien su ce qu'il faisait
ce jour-là, mon fils qui les
aime tant.
Quand il a mis cette
barrière entre eux et moi,**
Notre Père qui es aux cieux,
**ces trois ou quatre mots
pour lier les bras de ma
justice et pour délier les
bras de ma miséricorde.**

**Charles Péguy,
Le mystère
des Saints Innocents
éd. Gallimard**

Nous disons souvent trop vite le Notre Père. « C'est comme de se laver tout habillé avec un peu d'eau dans le creux de la main. »

Soljénitsyne

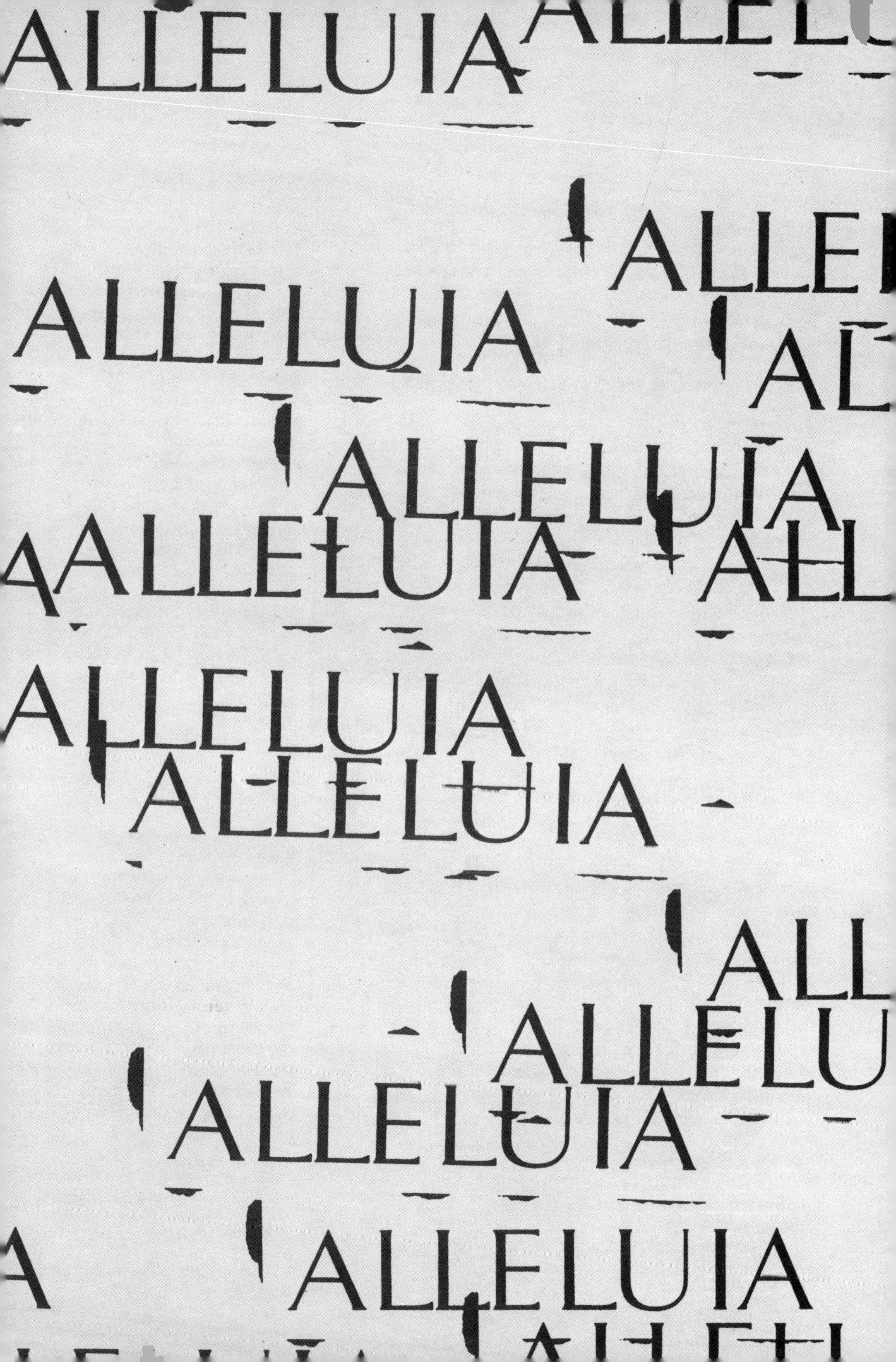
ALLELUIA
ALLELUIA
ALLELUIA
ALLELUIA
ALLELUIA
ALLELUIA
ALLELUIA
ALLELUIA

matrice. Il nous propose un chemin de prière. Il est l'apprentissage de toute prière, la meilleure initiation à l'art de prier.

Une prière qui nous est confiée

Cette prière a traversé les siècles. Elle nous a été confiée, de génération en génération, comme on confie un secret ou comme on passe un relais. Elle nous a été transmise. À nous de la transmettre. Que resterait-il du christianisme si on ne savait plus dire le Notre Père?

Premier temps : une invocation

Tout est joué dès les premiers mots, qui marquent un émerveillement, le commencement de l'adoration : tu es notre père, nous t'aimons. Il faut presque dire papa, ou père chéri, car le mot araméen « Abba » (qu'on retrouve ailleurs dans l'Évangile) donne à cette appellation un caractère familier, unique dans les traditions religieuses.
Mais il ne faut pas oublier tout de même que ce Père est plus encore qu'un père de la terre. L'expression « qui es aux cieux » n'indique pas un lieu de résidence, mais la nature spéciale de ce Dieu, **à la fois** proche, très proche, mais aussi autre, tout autre, transcendant, créateur.
Enfin, Dieu étant reconnu comme Père, nous sommes (et nous devons être) tous frères, ce qui est un formidable appel à l'être effectivement, quels que soient les milieux sociaux, les différences personnelles, les religions, les races, les nations.

Deuxième temps : une évocation

Trois vœux qui se tiennent et se complètent. Ils n'auraient pas de sens s'il s'agissait de vœux pour Dieu. Car nous ne pouvons rien ajouter au Royaume du Père céleste. C'est plutôt une vision, une contemplation propre à nous faire participer à la construction du Royaume ici-bas, « sur la terre comme au ciel ». On n'a pas assez souligné l'importance de cette expression qui porte vraisemblablement à la fois sur les trois définitions du Royaume (le nom sanctifié, le règne promis, la volonté faite) et qui indiquent bien le sens de tout le Notre Père et son actualité pressante : dès cette terre, dès maintenant (on dira, peu après : donne-nous **aujourd'hui**). Dans ce deuxième temps, nous disons Tu à Dieu (Ton nom, Ton règne, Ta volonté) car nous voulons exprimer notre amour.

Troisième temps : notre vocation

Quelles conditions devons-nous remplir pour construire ce Royaume? Ici nous ne disons plus Tu, l'accent est mis sur **nous.** Il s'agit de **notre** mission. L'objet de nos demandes : le pain (à la fois le « pain de vie » décrit par Jean dans le dernier

La traduction œcuménique :

Notre Père céleste,
fais-toi reconnaître
comme Dieu,
fais venir ton règne,
fais se réaliser ta volonté,
sur la terre comme au ciel.
Donne-nous aujourd'hui
le pain dont nous avons
besoin,
pardonne-nous nos torts
envers toi
comme nous-mêmes
avons pardonné
à ceux qui avaient des torts
envers nous,
et ne nous expose pas à la
tentation,
mais délivre-nous du
Tentateur.

Traduction œcuménique de la Bible (TOB), Le Cerf/ Les Bergers et les Mages, 1972.

Notre Père, **ces mots tu peux les dire comme une mécanique, comme une machine, en ne pensant à rien. Alors les mots se taisent... Ce sont des mots par cœur, mais qui ne parlent plus au cœur... Ou bien tu peux dire ces mots comme un secret, comme des mots pour dire : je t'aime. Alors les mots vont redevenir tout neufs et tout brillants, ils refleuriront ton cœur.**

Jean Debruynne, L'Eucharistie, éd. Mame

discours de Jésus, et le pain du corps), le pardon (si difficile et si essentiel dans la perspective chrétienne) et la libération du péché qui bloque notre participation à cette réalisation du Royaume ici-bas.

Le Notre Père est bien une prière qui nous engage et nous définit, une prière d'amour, une prière pour aujourd'hui. Une prière « pour changer le monde », a dit Jean-Paul II. Reste à savoir si nous n'en faisons pas une prière trop ordinaire, trop mécanique, trop facile.

« Tu sais, quand je récite le Notre Père et que je dis : « Donne-nous aujourd'hui notre pain de chaque jour », c'est comme si je disais : « Donne-moi l'amour et la tendresse dont j'ai besoin. »

Un jeune, dans Au-delà de mes doutes, Vivre et l'écrire

LE GRAND RECOURS : LE JE VOUS SALUE MARIE

Les premiers mots sont ceux de Gabriel, tels qu'on les trouve dans saint Luc. Vers le IVᵉ ou le Vᵉ siècle, on rapproche de cette salutation celle d'Élisabeth, lorsque Marie vint la voir : « Tu es bénie entre toutes les femmes... »
Pendant longtemps, ces deux salutations constitueront la prière à Marie, une prière qu'on développait ou qu'on paraphrasait (c'est l'amorce des litanies). C'est seulement à la fin du XIIIᵉ siècle que cette prière entre dans la liturgie. Mais la deuxième partie (les invocations) n'apparaît guère avant le XVIᵉ siècle.

On critique parfois le texte français (par exemple pourquoi ajouter « pauvres » à « pécheurs » ?). Mais il est ancré dans la tradition. Il n'y a pas de raison essentielle de le modifier. Certains essais, toutefois, ont eu lieu, qui peuvent aider à renouveler l'attention. Ainsi, dans les Foyers de Charité, on dit volontiers :
« Réjouis-toi, Marie, comblée de grâce, le Seigneur est avec toi, tu es bénie entre les femmes et Jésus, ton enfant, est béni. Sainte Marie, Mère de Dieu, prie pour nous pécheurs, maintenant et à l'heure de la mort. »

Quoi qu'il en soit, le **Je vous salue Marie** est une prière fondamentale. Péguy disait qu'il lui était parfois difficile de réciter vraiment le **Notre Père** (en particulier : que votre volonté soit faite), alors, ajoutait-il : « Je priais Marie. Les prières à Marie sont des prières de réserve. Il n'y en a pas une seule que le plus lamentable pécheur ne puisse dire vraiment. Dans le mécanisme du salut, l'Ave Maria est le dernier secours. Avec lui, on ne peut être perdu. »
Il ne faut pas s'étonner que cette prière très simple se soit développée dans le chapelet et le rosaire.
On a parlé d'un ronron infantile. « Il me semble, au contraire, a écrit Didier Decoin, que c'est une forme d'oraison très

Sans Marie, la connaissance même du Christ n'est que pure spéculation, mais en Marie elle devient expérience, parce qu'elle a reçu l'humilité et la pauvreté sans lesquelles on ne peut connaître le Christ. Sa sainteté est le silence dans lequel le Christ peut être entendu.

Thomas Merton, Semences de contemplation

délicate, très complexe, très élevée. Car le chapelet ressemble à l'ordinateur : tout dépend du programme qu'on y insère. » Si on le médite, il n'est plus un chapelet par cœur, mais un chapelet « cœur à cœur ». Il s'épanouit dans la contemplation. Et si, par le Rosaire, on le lie à la vie du Christ lui-même, aux mystères de Jésus vécus par Marie, alors on se trouve devant une sorte de résumé de l'Évangile qu'on peut mettre en rapport avec les événements : « Les quinze mystères, a dit Jean-Paul II, sont quinze fenêtres à travers lesquelles je contemple, à la lumière du Seigneur, les événements du monde. »

LES PSAUMES

Prière majeure encore : les psaumes. Ils ont été priés par le Christ. Les évangiles s'y réfèrent souvent, et même l'ensemble du Nouveau Testament (360 fois en tout). Ils ont inspiré des saints, des poètes. Ils continuent à nourrir la prière quotidienne de l'Église. Et ils font partie de la célébration eucharistique.

Mais aussi prières « impossibles », a-t-on dit, trop loin du langage actuel, pleins d'une incroyable violence et d'un goût de la vengeance très peu évangélique. On est loin des Béatitudes. Comment souhaiter « que les enfants du méchant deviennent orphelins et sa femme une veuve » (ps. 109). Ou alors : prières d'une élite, prières de musée, prières du passé, prières dépassées, comme l'est, d'une certaine manière, l'Ancien Testament par rapport au Nouveau.

Doit-on alors se priver de ces textes forts, si beaux, si vigoureux ? Tous les sentiments de l'humanité, tous les sentiments de l'homme s'y trouvent exprimés sans fard, sans illusion : les plaintes, les imprécations, les révoltes, la joie, la louange. « Dans les psaumes, les hommes ont un corps », ils crient, ils louent, ils dansent. Et n'oublions pas qu'il s'agit de chants.

Ignorer les psaumes, ce serait laisser de côté le matériau brut de l'Évangile, tout l'héritage. Que chacun fasse des choix selon ses goûts ou selon ses compétences, c'est normal. Qu'on recoure à des traductions plus accessibles, par exemple celle du recueil **Nous te prions** (édition du Cerf), c'est utile. Mais finalement on peut se demander si notre tâche n'est pas de nous y adapter plutôt que de les adapter.

Cela suppose qu'on les mette en rapport avec le reste de l'Ancien Testament dont ils sont comme la version prière à côté de la version histoire. Point n'est besoin d'une formation scientifique, une initiation suffit, dans cette idée que les

Chaque nomination de cette Mère que nous saluons est comme un repère solide qui nous oblige à nous reprendre, comme le moyen d'un coup de reins à contre-courant. À chaque recommencement de l'Ave, nous redevenons cet ange qui la salue par son nom et nous ne faisons plus qu'un avec cette saluée. Pas un mouvement de son cœur et de sa pensée jusqu'aux fondations de son être qui nous échappe.

Paul Claudel

Quelques psaumes :

Psaume 22 (21) : « **Mon Dieu, pourquoi m'as-tu abandonné ?** »
Un psaume typique et qui peut être facilement relu à la lumière de la Passion et de la Résurrection du Christ.

Psaume 51 (50) : « **Pitié pour moi, mon Dieu en ta bonté.** »
Le Miserere.
Psaume de pénitence.

Psaume 102 (101) :
« **Seigneur, entends ma prière.** »
Prière dans le malheur.

Psaume 126 (125) : « **Qui sème dans les larmes, moissonne dans l'allégresse.** »
Joie du retour après l'exil.

Psaume 136 (135) : « **Rendez grâce au Seigneur, car il est bon, car éternel est son amour.** »
Litanie d'actions de grâces.
Grand « Hallel » récité pour la Pâque.

psaumes sont à la fois, comme dit le Père Congar, « l'expression de la prière et une école de prière ».
Il existe des clefs pour entrer dans ce domaine et en particulier une clef qui est le Christ lui-même.

D'abord parce qu'il y est annoncé sous une forme prophétique, dans sa mission, sa mort et sa résurrection.

On peut ainsi pousser un peu plus loin la christianisation des psaumes en les entendant comme des cris, des louanges au Père : « Les psaumes ne sont jamais aussi vrais que dans la bouche et dans le cœur de Jésus » (Michel Hubaut).

On peut encore voir dans le Seigneur-Dieu qu'ils invoquent, le Christ lui-même.

Finalement, c'est moi qui crie et qui prie ; les ennemis extérieurs qui sont stigmatisés ce sont mes passions intérieures. L'homme angoissé qui cherche le visage de Dieu, qui gémit de son silence, qui lui demande son aide et qui chante sa gloire, c'est moi. Avec ce que j'ai de meilleur et de pire.

Psaume 139 (138) : **« Dieu, toi mon Dieu que je cherche. »**

Psaume 150 : **« Alleluia, louez Dieu dans son sanctuaire. »**
Dernier psaume du psautier. Voir aussi la louange cosmique du psaume 148.

Note : Le premier chiffre indiqué correspond à la numérotation hébraïque, généralement celle des Bibles. Le second (entre parenthèses) à la numération du psautier latin, celle de la liturgie.

D'AUTRES PRIÈRES

Naturellement, on pourrait citer beaucoup d'autres prières, le Veni Sancte Spiritus, le Magnificat, le Souvenez-vous, l'Angelus, le Chemin de Croix et toutes les prières incluses dans la messe : le Kyrie, le Gloria, le Sanctus. En voici seulement quatre, qui se trouvent dans l'Ancien Testament :

Le cantique d'Anne. Anne exalte le Seigneur qui a comblé son désir d'avoir un fils. On en retrouve des expressions dans le Magnificat (cf. p. 26). En voici des extraits :

Mon cœur bondit de joie pour le Seigneur,
mon front se relève pour mon Dieu ;
ma bouche se rit de mes rivaux ;
oui, j'exulte en ton salut.

L'arc des forts se brise ;
mais les chétifs ont la vigueur pour ceinture ;
les repus s'embauchent pour du pain,
les affamés n'ont plus à travailler.

Le Seigneur fait mourir et fait vivre,
il fait descendre aux enfers et en ramène ;
le Seigneur appauvrit et enrichit,
il abaisse, mais aussi il relève.

De la poussière, il retire le faible,
et du fumier, il relève le pauvre
pour l'asseoir au rang des princes,
lui assigner un trône de gloire.

1 Samuel 2, 1, 4-5, 7-8

Une prière de David. Un véritable offertoire. David se rend en présence du seigneur. Il dit : « Qui suis-je donc, Seigneur, et qu'est-ce que ma maison, pour que tu m'aies conduit jusqu'ici ? | Mais cela ne te paraît pas suffisant, Seigneur, et tu étends aussi tes promesses à la maison de ton serviteur jusque dans un avenir lointain. | Tu as fait d'Israël ton peuple pour toujours, et toi, Seigneur, tu es devenu son Dieu. | Maintenant donc, Seigneur, la promesse que tu as faite à ton serviteur et à sa maison, maintiens-la toujours, et agis selon ta parole. | On exaltera ton Nom pour toujours, en disant : "Le Seigneur de l'univers est le Dieu d'Israël", et la maison de ton serviteur David subsistera en ta présence. | Oui, c'est toi, Seigneur de l'univers, Dieu d'Israël, qui as fait cette révélation à ton serviteur : "Je te bâtirai une maison". C'est pourquoi ton serviteur ose t'adresser cette prière. | Seigneur, c'est toi qui es Dieu, tes paroles sont vérité, et tu as fait cette magnifique promesse à ton serviteur. | Daigne bénir la maison de ton serviteur, pour qu'elle demeure toujours en ta présence. car toi, Seigneur, tu as parlé, et par ta bénédiction la maison de ton serviteur sera bénie pour toujours. »

1 Chroniques 17, 16-27

Une prière de Salomon, pour le transfert de l'Arche d'Alliance et surtout pour obtenir la sagesse.

Seigneur, la sagesse est avec toi, elle qui connaît tes œuvres ;
elle qui était là quant tu faisais le monde,
elle qui sait ce qui plaît à tes yeux,
ce qui est conforme à tes commandements.

Fais-la venir de ton sanctuaire céleste,
envoie-la de ton trône de gloire,
afin qu'elle soit avec moi dans mes fatigues
et que je connaisse ce qui te plaît :

elle sait tout, elle comprend tout,
elle me guidera intelligemment dans mes actions
et me protégera par sa gloire...

Qui aurait connu ta volonté,
si tu n'avais pas donné la sagesse

Magnificat

Oui, le Seigneur est grand,
je veux chanter pour lui.
Lui, mon Sauveur, m'a regardée,
moi qui suis si petite,
et mon cœur bondit de joie.
Hier, aujourd'hui et demain,
le monde entier parlera
de mon bonheur,
parce qu'en moi Dieu a fait
de grandes choses.

Oui, le Seigneur est saint :
il se donne à tous les hommes droits.
Pour eux, il montre sa force :
les orgueilleux, il les fait taire ;
les oppresseurs, il les renverse ;
mais les pauvres, il les relève ;
aux affamés, il donne l'abondance
et il vide les mains des riches...

Ce que nos pères avaient espéré,
il nous l'a donné.
Ce qu'il avait promis, il l'a fait...
Dieu a montré sa tendresse
aujourd'hui et pour toujours.

Traduction de Michel Dubost,
dans Paroles pour Marie
éd. Droguet-Ardant et Brépols, 1979

et envoyé d'en haut ton Esprit Saint ?
C'est ainsi que les chemins des habitants de la terre
sont devenus droits ;

c'est ainsi que les hommes ont appris ce qui te plaît
et, par la Sagesse, ont été sauvés.

Sagesse 9, 9-11. 17-18

Le cantique des trois jeunes gens dans la fournaise : O, vous, saints et humbles de cœur, bénissez le Seigneur !

Béni sois-tu, Seigneur, Dieu de nos pères,
À toi, louange et gloire éternellement !

Béni soit ton nom de gloire et de sainteté,
À toi, louange et gloire éternellement !

Béni sois-tu au temple saint de ta gloire,
À toi, louange et gloire éternellement !

Béni sois-tu sur le trône de ton règne,
À toi, louange et gloire éternellement !

Et vous, les nuits et les jours,
bénissez le Seigneur !

Et vous, la lumière et les ténèbres,
bénissez le Seigneur !

Et vous, éclairs et nuées,
bénissez le Seigneur !

Que la terre bénisse le Seigneur :
À lui, haute gloire, louange éternelle !...

Et vous, serviteurs du Seigneur,
bénissez le Seigneur !

Esprits et âmes des justes,
bénissez le Seigneur !

Saints et humbles de cœur,
bénissez le Seigneur !

Daniel 3, 52-55, 69-70, 73-74, 86-87

**Très haut, tout puissant et bon seigneur,
à toi louange, gloire, honneur,
et toute bénédiction ;
à toi seul ils conviennent,
ô Très-Haut,
et nul homme n'est digne de te nommer.**

**Loué sois-tu, Seigneur,
dans toutes tes créatures,
spécialement messire frère Soleil,
par qui tu nous donnes le jour et la lumière ;
il est beau, rayonnant d'une grande splendeur,
et de toi, le Très-Haut, il nous offre le symbole.**

**Début du Cantique des Créatures,
de saint François d'Assise**

Prier à quoi bon ?

Les objections fusent, voici les principales :

JE N'AI PAS LE TEMPS

Réflexion courante. Certes la vie moderne, marquée par la vitesse, le bruit, le souci du rendement et le goût du spectacle laisse peu de place au recueillement. Pourtant on trouve bien du temps pour regarder la télévision ou pour avaler en auto des kilomètres. On en trouve bien pour ce qu'on aime vraiment. En regardant de près son emploi du temps, on découvre des interstices de liberté. Et puis le besoin se fait de plus en plus fortement sentir aujourd'hui de silence, d'intériorité, de prière.

Le manque de temps est une mauvaise excuse, un alibi. D'autant plus qu'il est rarement question, pour les laïcs, de multiplier les heures de prière. Il suffit d'intermèdes assez courts, le matin, le soir, quand on le peut dans la journée, et même dans les transports en commun. Le plus important, ce n'est pas le total des minutes, c'est la densité de la présence à Dieu, en tout temps et en tout lieu, dans la perspective d'une prière permanente. Mais, bien sûr, pour atteindre cet « état de prière », il faut se réserver, et même s'imposer en priorité, des moments privilégiés : ils ne sont pas le but, ils sont des moyens. « Non seulement, écrit Madeleine Delbrêl, il nous faut prier un temps fixé, pur de tout autre chose, mais encore il nous faut drainer **sur tous nos actes** la lumière et la force acquises dans la prière. »

J'AI DES DISTRACTIONS

Qui n'en a pas ? Saint Augustin lui-même a écrit que, s'il fallait prier sans distractions, il ne voyait pas « quel

Ya si longtemps que j'suis
sous la tempête
Ah ! laissez-moi un peu
d'temps pour prier,
O les enfants !

La tête basse et le cœur
mortifié
Ah ! laissez-moi un peu
d'temps pour prier,
O les enfants !
Ya si longtemps que j'suis
battu des vents
O les enfants !

Negro spiritual

On ne devrait pas compter le temps passé à prier, mais plutôt le temps qu'on n'y passe pas.

Louis Lochet

espoir nous resterait ». Et saint Thomas d'Aquin déclare, de son côté, que les distractions « n'enlèvent pas son efficacité à la prière », car elle reste un acte d'amour.
Les distractions ne sont pas forcément pour la prière un obstacle qu'il faudrait absolument détruire jusqu'à la parfaite concentration. Plus je lutte contre elles, plus je risque même de les renforcer. Pourquoi se raidir ? Beaucoup de maîtres sprirituels conseillent plutôt de les intégrer dans la prière, de les transformer en occasions de prière : telle personne à laquelle je pense, telle inquiétude qui me vient. Les distractions, comme le manque de temps, risquent de devenir une excuse et un alibi. Sauf si on les retourne comme un gant ! La prière y perdra, peut-être, un peu de son unité, elle y gagnera en richesse.

DIEU SE TAIT

Est-ce que vous attendez qu'Il tienne avec vous une conversation privée et qu'Il vous parle comme vous lui parlez ? Il faut respecter le silence de Dieu, silence qui peut d'ailleurs être une manière de répondre, c'est-à-dire de nous mettre en face de nous-mêmes, hors de tout bavardage.

Dieu nous rend souvent visite, mais la plupart du temps nous ne sommes pas chez nous.

Jean Tauler (XIVe siècle)

En fait, Dieu « nous parle » dans l'Ancien et le Nouveau Testament, il nous parle par la vie de Jésus, il nous parle à travers les événements, à travers la vie des saints et de tous les amis de son Fils, c'est-à-dire tous ceux qui sont attentifs à son Esprit. C'est nous qui ne l'écoutons pas. C'est nous qui ne faisons pas silence en nous-mêmes et qui attendons des paroles « humaines », alors que le silence est aussi un témoignage d'amour, peut-être plus fort que les mots.

JE NE TIENS PAS LE COUP DANS LA PRIÈRE

Pas étonnant. Les plus grands saints ont connu des périodes de lassitude, de désolation, de sécheresse. Dans ces moments-là on n'arrive plus à prier, on se décourage, on désespère même. La prière n'est pas une traversée sans histoires. Elle connaît des calmes plats, des brises légères, des vents portants, des tempêtes. Elle est comme la mer : « Ceux qui n'ont jamais vu la mer, écrit le Père de Lubac dans ses **Paradoxes**, croient que rien n'est plus monotone — alors que rien n'est plus varié, rien ne réserve plus de surprises. Ainsi pour la vie intérieure, la contemplation de Dieu. »

La prière ne s'apprend que dans la prière.

Jean Climaque (IIIe siècle, Mont Sinaï)

Avec la prière, rien n'est jamais gagné définitivement, rien non plus n'est jamais perdu. Elle est comme la vie, elle est même le cœur de la vie, avec ses périodes de croissance, de joie, de maladie, de fièvre, de déprime, avec ses projets, avec ses surprises, avec ses pauvretés, avec ses richesses.

PRIER, C'EST OUBLIER D'AGIR

Se mettre à l'abri dans un refuge bien tranquille et sans risques ? Oui, dans certains cas, mais généralement non. La prière n'est pas une solution de facilité, elle ne nous dispense pas d'agir ou d'intervenir.
En se retirant au Carmel, pour prier, Thérèse de Lisieux ne se retirait pas des soucis du monde. Elle les portait, au contraire, au plus profond de son cœur (que ce fût un crime spectaculaire ou un effort apostolique au-delà de son horizon habituel). Qui osera dire qu'elle était indifférente et inutile, elle dont on a fait la patronne des Missions ?

La prière est, en réalité, une aventure, un défi, un combat, plus sévère que les arts martiaux, contre les ténèbres et les tentations, contre le mal sous toutes ses formes.
« Les vrais révolutionnaires, disait Péguy, sont des hommes en dedans. » La prière préserve l'action de devenir folle. Elle l'enracine au cœur de l'homme, dans la paix des profondeurs.

« Nous ne pensons pas qu'on puisse accomplir une action décisive autrement qu'avec un cœur battant de l'intérieur du monde », déclarent les sœurs du carmel de Mazille. Et elles ajoutent : « Dans la mesure où elle est lieu de convergence de la reconnaissance de Dieu et de nos frères, la prière devient action. Elle nous rend partie prenante du combat qui se joue dans le monde : celui de la mise en place d'un ordre renouvelé des choses, annoncé par le Christ. »

La prière n'est ni refuge, ni dérobade, ni appel ou miracle.
La vraie prière exige que nous cherchions à faire nous-mêmes ce que nous demandons à Dieu de faire.
Si je demande « notre » pain de chaque jour, je dois donner moi-même ce pain à ceux qui en manquent.
Si je prie pour la paix, je dois m'engager moi-même sur le chemin de la paix.
La prière n'est pas faite de mots en l'air : nous ne pouvons prier que si nous sommes pleinement responsables de ce que nous disons.
Alors seulement nous goûterons à quel point la prière est la reconnaissance de la puissance et de l'initiative de Dieu.
C'est cela l'Évangile : prier les bras en croix le Dieu qui n'aime pas les bras croisés.

Cardinal Roger Etchegaray

Si la face de Dieu nous fascine, notre action sera renouvelée par sa lumière, nos échecs mêmes deviendront des résurrections. Celui qui ne connaît pas la face de Dieu à partir de la contemplation, ne la reconnaîtra pas non plus dans l'action, même quand elle rayonne devant lui sur la face des humiliés et des victimes.

Hans Urs von Balthasar

Personne ne peut séparer prière et action. Non pas lutte ou contemplation, mais l'une avec l'autre, l'une jaillissant de l'autre. Le Ressuscité t'accompagne partout, non seulement à l'église, mais aussi dans la rue, au travail.
La contemplation : non pas pour fermer les yeux face à tout ce qui menace ou agresse les faibles de ce monde, face à ce péché qu'est la guerre. La contemplation est une force sereine qui te travaille et te creuse.

Frère Roger Schutz,
Noël 1982

TRAVAILLER, C'EST PRIER

Si l'on entend par là que le travail tient lieu de prière, c'est faux. Le travail peut être une prière, s'il est accompli dans cet esprit, s'il est, en quelque sorte, chargé de prière. Mais il peut n'être aussi qu'une activité neutre, sans poids spirituel, quels qu'en soient la noblesse, la générosité ou l'éclat.

Certains ajoutent que la prière est la vocation des religieux, des ermites, des contemplatifs. Les laïcs, eux, seraient alors chargés du temporel, comme on dit. Il existerait, en somme, une répartition des charges. Comme si les laïcs n'étaient pas invités, eux aussi, à la prière. Comme s'ils n'en avaient pas autant besoin (et peut-être même davantage) que ceux qui s'y consacrent entièrement. Qu'il y ait des différences de manière, de rythme, de statut religieux, c'est normal, mais rien ne nous dispense de prier.

On les croyait derrière,
ils sont devant,
les priants,
petite poignée de grains
émigrés sur les ailes du vent,
petit peuple du voyage
et des tentes provisoires,
petit peuple nomade
et piétonnier,
navigateurs du désert,
quêteurs d'aventure,
pêcheurs d'espérance
et mendiants du cœur.

Jean Debruynne
Le caillou blanc,
éd. Droguet-Ardant

À QUOI ÇA SERT ?

« La prière, ça ne change rien : voyez l'injustice, la guerre, la misère, le malheur innocent. Avec le progrès des connaissances on sait comment marche le monde. Il n'y a plus de place pour Dieu, donc il n'y a plus de place pour la prière. D'ailleurs est-ce qu'on ne prie pas de moins en moins ? La prière apparaît comme un luxe inutile. »

D'abord tout dépend de l'image qu'on se fait de Dieu. Sa puissance n'est pas de changer le cours du monde et de combler nos désirs et nos attentes par des coups de baguette magique. Dieu est une source, un élan, une présence, pas un mécanicien. Il ne « sert » à rien, au sens utilitaire de ce mot. Dieu est le cœur de notre cœur. Il est amour et pardon. Il est ce dont nous avons le plus besoin pour vivre dans l'amour, pour trouver le bonheur et la paix sur cette terre. Il est lui-même le bonheur et la paix.
C'est pour nous le rappeler qu'il nous a envoyé Jésus, dont nous avons à continuer l'action. Ainsi l'action de Dieu passe par notre action, sa présence passe par notre présence à Lui et aux autres. « Quand j'étais au séminaire, a écrit le cardinal Marty, on m'a appris que la prière était le contrepoids de l'action. Elle est plus que cela : elle est le poids de l'action. » Ou encore, dit Jean Sulivan : « Elle change radicalement notre manière d'exister et notre mode de présence au monde. » Elle change le monde en nous changeant.

De là vient sans doute qu'elle apparaît à certains comme étant avant tout un remède, une thérapie, par exemple contre

Dieu n'est pas de l'ordre des moyens, pour réparer nos manques. Il est Quelqu'un.

Jean-Paul II
(aux Jeunes, à Lyon, en 1986)

l'angoisse, la déprime, la peur. Ceux-là disent que la prière « sert » donc quelquefois pour nous-mêmes. Certainement. Mais elle n'est plus qu'un moyen si on la détache de Dieu pour la réduire à une médecine ; à ce moment-là, elle n'est plus une prière. Elle ne s'adresse plus à personne. Elle est repliée sur elle-même. C'est seulement en Dieu qu'elle est vraiment une source d'équilibre et de joie, de profondeur et de sérénité. C'est seulement en Lui, en sa contemplation qu'elle est une force incomparable pour l'action.
Il ne suffit pas de prier. Mais il ne suffit pas non plus d'agir.

ET AVEC LES ENFANTS ?

S'il y a un temps où l'apprentissage de la prière est important, c'est bien l'enfance et la jeunesse. Il y a comme une connivence entre l'enfance et la prière. Les enfants ont, plus que les adultes, l'instinct de la prière. Il faut seulement les aider à se mettre en mouvement, à s'exprimer sans les rabrouer, sans les décourager, sans en faire non plus des prodiges dont on raconte, avec un sourire, les inventions ou les réflexions.

La prière s'amenuise dans les familles ? Les parents ne sont pas toujours libres aux mêmes heures que leurs enfants. On dîne plus tard qu'autrefois. Et puis comment rassembler dans la prière des adultes et des enfants, au risque de la rendre trop difficile pour ces derniers et trop puérile pour les autres ?
Alors, dans certaines familles, on varie les formules. Tantôt les parents seuls, tantôt avec les 3-7 ans, tantôt avec les 8-12 ans. Au-delà les jeunes désirent souvent plus d'autonomie.
Ce qui frappe, en tout cas, dans les enquêtes, c'est la place donnée à la spontanéité et la volonté de souplesse. Parfois on part des événements de la vie quotidienne et même de la vie du monde. Ou bien d'un épisode de l'Évangile, d'une fête liturgique, de la lecture d'un livre, d'un film, d'un paysage, d'un monument visité. La conversation devient prière. On varie les styles, les rythmes. On chante. Cette souplesse, toujours plus exigeante que l'automatisme, suppose une certaine préparation.

Prier avec un enfant, c'est se mettre à l'écoute de ce qu'il y a déjà en lui et de ce qui peut le mettre sur le chemin de la prière. C'est aussi se procurer des livres, recueils, cassettes : les ressources ne manquent pas. Souvent les parents espèrent qu'on va leur fournir de véritables prières d'enfants pour qu'ils les proposent à leur tour à leurs propres enfants. Il y en a. En fait, les enfants sont capables d'inventer leurs propres prières. Ils le font souvent avec plus de facilité que les adultes et avec plus de bonheur.

De Christine, 13 ans :

Prière, sauvegarde des âmes,
Prière, toi qui empêches de s'enfoncer dans le mal,
Prière, toi qui soulages du fardeau,
Prière, soleil levant sur les hommes,
Prière, pénétrante comme le bonheur,
Prière habitera un jour tout le cœur des hommes,
Prière, vaste étendue de lumière qui nous guide,
Prière qui se répercute de cœur en cœur,
Prière, quand aurons-nous tous soif de toi ?
Prière qui ne se révolte jamais,
Prière, maison qu'il faut construire,
Prière saturée d'amour et de paix,
Prière, paix intérieure,
Prière, silence qui s'unit à la paix,
Prière, palier du bonheur,
Prière, réconciliation,
Prière, le salut du monde,
Prière, soleil du firmament.

Daniel-Ange,
dans « Ton enfant, il crie la Vérité »
éd. Fayard, p. 115

Aux sources de la prière

Si nous trouvons souvent de la difficulté pour prier, c'est peut-être parce que nous ne puisons pas suffisamment à ses sources.

LE SOMMET DE LA PRIÈRE : L'EUCHARISTIE

On sépare trop souvent la célébration eucharistique de ce que l'on pourrait appeler la prière ordinaire, privée ou partagée. Certes, la messe est le sommet de la prière. Mais on risque d'y participer très mal si elle n'a pas de soubassement dans le reste de l'existence. La prière appelle la célébration eucharistique qui nous associe à l'action de grâces du Christ à son Père ; et la célébration, en retour, appelle l'humble prière de tous les instants.

On retrouve dans la messe toutes sortes de prières que nous avons distinguées pour la commodité de cette analyse, mais qui ne peuvent être séparées et qui ne le sont pas dans la célébration eucharistique : la prière d'action de grâces, bien sûr, qui sert en quelque sorte de ciment aux autre formes presque indissociables de la prière, l'appel au pardon (entre autres moments, le **Kyrie**), la demande (par exemple, dans les prières après la consécration), la louange (au **Sanctus** et ailleurs), l'adoration (en particulier lors de la consécration).

Autre lien entre la prière ordinaire et son sommet eucharistique : le Notre Père, prière de tous les jours, qui se retrouve telle quelle, magnifiée, dans la messe.
Enfin, nos prières prennent là, comme physiquement, leur dimension communautaire, ecclésiale et, pourrait-on même dire avec Teilhard de Chardin, cosmique.
Vivre en état de prière, est-ce possible sans l'accomplissement eucharistique ? Et, inversement, la célébration eucharistique, même si elle a valeur en soi, comment pourrait-elle porter ses fruits si elle n'était qu'une parenthèse, fût-ce la plus belle de toutes ?

Il est vraiment digne et juste,
il convient à la splendeur sans bornes
de ta sainteté,
ô seul vrai Dieu,
de te louer, de te bénir, de t'adorer,
de chanter ta grâce et ta gloire ;
de t'offrir, d'un cœur brisé,
dans l'esprit des pauvres,
cette offrande spirituelle,
pour accueillir la
révélation de la vérité.

Liturgie byzantine de saint Basile

L'ÉVANGILE EST UN LIVRE QU'ON PRIE

Lire la Bonne Nouvelle est une démarche essentielle du chrétien. Mais le message doit être prié si l'on veut qu'il s'enracine dans le cœur.
L'Évangile, en effet, n'est pas seulement message à méditer, enseignement à étudier, il est Quelqu'un à aimer : la prière est l'acte même de cette relation personnelle. L'Évangile est donc une source de prière.

Comment faire pour opérer cette transformation du message en prière ? Les paraboles s'y prêtent particulièrement, qui illustrent les Béatitudes et décrivent le Royaume. Jésus les vit, il les agit : il **est** le Bon Samaritain, il **est** le berger qui cherche la brebis perdue. Il **est** le « père prodigue ».
De mon côté, ne suis-je pas la brebis perdue qui demande à Jésus de venir la chercher ? Ou encore cet homme qui descendait de Jérusalem à Jéricho, et qui est tombé aux mains des hommes de ténèbres ? Ou l'un de ces sarments qui s'accrochent partout ailleurs qu'au Seigneur ?

Le Père Bro suggère, lui, de choisir dans l'Évangile les moments majeurs de la vie du Christ et de les relire dans la perspective du Notre Père. Il nous invite à chercher ce que représente pour nous cette prière à tel moment de la vie du Christ. Il pense par exemple au Notre Père de la Passion avec les affronts et le pardon (Matthieu 13, 54-57 ; Luc 9, 7-9 ; Matthieu 11, 20-24 ; Marc 10, 17-22 ; Luc 13, 34-35) ou les appels à la pénitence et au combat (Marc 19, 23-26 ; Jean 12, 20-50).
L'Évangile est une des grandes sources de la prière.

Si l'Évangile est un livre, c'est qu'il faut le lire. Pourtant cela ne suffit pas. L'Évangile est un livre qu'on prie. Entre la lecture de l'Évangile et nos pauvres essais d'obéissance à ses exemples et à ses préceptes, il y a la prière. Sans elle, nous errons comme des myopes, et nous obéissons comme des serviteurs paralysés. Sans prière surtout, l'Évangile sera des paroles et nous risquerons de ne pas rencontrer vivant Celui qui parle, Celui qui entraîne, Celui qu'on suit.

Madeleine Delbrêl,
La joie de croire,
éd. du Seuil

LA PRIÈRE OFFICIELLE DE L'ÉGLISE

Au fil des siècles s'est constituée une « prière liturgique », à base de psaumes, d'hymnes, de lectures et de gestes. Cette prière suit, plus ou moins précisément, le rythme du temps, celui des heures (du soir au matin et du matin au soir) et celui d'un cycle annuel.
Elle est issue des communautés chrétiennes qui l'utilisaient avec souplesse et liberté. Elle a pris, par la suite, un caractère paroissial ou épiscopal ; puis elle a été modulée et codifiée par les moines, qui continuent à la pratiquer et à la chanter.
Ainsi est-elle devenue le **bréviaire** des prêtres, avant de se resserrer pour s'adapter aux conditions de la vie moderne et devenir utilisable individuellement.

Enfin, dernière étape, la voici **Liturgie des heures** (en quatre volumes, avec une version courte: **Prière du Temps présent,** plus accessible à tous). En 1980, cette dernière est encore allégée; des nouveautés sont introduites (surtout des hymnes de toutes les époques). Quant à la partie des lectures, elle fait l'objet d'un autre volume. Ainsi conçue, la prière liturgique est adaptée aussi bien aux laïcs qu'aux prêtres et aux religieuses, aussi bien à l'utilisation individuelle qu'à l'utilisation collective.

Cette forme de prière reste assez difficile pour certains, dans la mesure où elle repose toujours largement sur les psaumes, parfois déroutants, et ne rejoint pas facilement les préoccupations de la vie quotidienne. Mais beaucoup de personnes ou de communautés les y insèrent. Ainsi se trouvent assurés à la fois le renouvellement, la présence au monde et une continuité indépendante des élans ou des retombées subjectives. Elle permet de participer, dans la solitude, à la prière de l'Église, puisque, malgré certaines variations dues à la diversité des cultures, elle se trouve être la prière commune.

On a tort d'opposer, comme on le fait parfois, la prière liturgique et la prière privée, spontanée. Chacune peut aider l'autre. Certains missels comportent d'ailleurs des prières qui ne sont pas à proprement parler liturgiques.

À la liturgie appartiennent aussi les sacrements, également sources de prière. Ils sont en effet des moments de la grâce et des moyens, comme la prière, par lesquels s'établit une relation avec le Père, au nom du Fils, dans l'Esprit. Ils sont inséparables de la prière dans laquelle ils baignent et devraient peut-être même baigner davantage encore.

Louez Dieu avec les sonneries du cor
louez-le avec la harpe et la cithare
louez-le avec la danse et le tambour
louez-le avec des cordes et des flûtes
louez-le avec les cymbales sonores
louez-le avec les cymbales triomphantes.
Que tout ce qui respire
loue le Seigneur !
Alleluia

Psaume 150

LE TRÉSOR DE LA PRIÈRE

Enfin il ne faut pas oublier qu'il existe, hors liturgie, une extraordinaire réserve qui s'est constituée au cours des siècles et qui va des prières des premiers chrétiens jusqu'à celles de notre temps. Un trésor trop peu connu, que s'attachent à faire connaître des livres, des publications et en particulier la revue **Prier.**
Les prières sont comme des cadeaux dont nous pouvons nous servir à notre gré et selon nos besoins. Bien plus, ce sont des invitations à nous exprimer nous-mêmes dans la prière. Tout le trésor recueilli le long des siècles n'est pas un trésor fermé, réservé aux musées. C'est un trésor vivant, la partie émergée du grand trésor saint du peuple de Dieu. Pourquoi ne pas y ajouter notre propre contribution ?

LA PRIÈRE DU CŒUR

On l'appelle en Orient, où on la pratique beaucoup plus qu'en Occident, la « prière de Jésus ». Elle remonte aux Pères du désert. Elle a été pratiquée en Russie à partir du XVe siècle (cf. **Récits d'un pèlerin russe,** à la fin du XVe siècle). On l'appelle, avec des mots plus savants, philocalie ou hésychasme. C'est pourtant la prière la plus simple : l'invocation du nom de Jésus. Elle est parfois développée en une phrase qui se divise selon le rythme de la respiration (l'inspir et l'expir).

La formule la plus connue est : « Seigneur Jésus-Christ, Fils de Dieu, aie pitité de moi, pécheur. » L'idéal est de la répéter indéfiniment. Dans sa brièveté, elle est très complète. Elle atteste l'Incarnation du Christ et elle nous unit à lui et par lui à l'Église et à tous les hommes. C'est une profession de foi. Mais, pour vivre cette foi, nous devons nous reconnaître pécheurs.
Naturellement il est difficile de la dire longtemps avec le maximum d'attention, à moins d'être moine ou ermite, et encore ! Mais c'est comme un rappel insistant, le mouvement perpétuel d'une horloge, une interminable vague de fond qui colore et oriente la vie. Avec la force et les dangers de la répétition.

Des prières brèves :

— Seigneur, ne t'éloigne pas de moi (Psaume 35)

— Seigneur, montre-moi ton visage (Moïse)

— Seigneur, tu sais bien que je t'aime (Pierre)

— Seigneur, viens à mon secours (Matthieu 15, 25)

— Seigneur, augmente en moi la foi (Luc 17, 5)

— Seigneur, je te donne tout (Pascal)

L'EN-DEÇA DES MOTS

Nous avons l'habitude de nous exprimer par des mots. Et cela dès l'école. La religion aussi est envahie par les mots. On prie avec des mots. N'y aurait-il donc pas d'autres moyens de rencontrer Dieu, d'autres sources de prières ?

D'abord le simple silence

Attention : il y a plusieurs sortes de silence. Le silence pesant, étouffant du refus ou de la peur — et le silence paisible au contraire de l'écoute et de l'attention. Un silence de plénitude, celui-là : « le jardin clos où seulement l'âme peut rencontrer son Dieu » (Catherine de Hueck).

On peut aussi distinguer trois étapes : d'abord le silence qui est absence de bruit, un silence négatif en quelque sorte, mais utile, puis le silence qu'on obtient quand on a réussi, ne fut-ce qu'un moment, à éliminer le cinéma intérieur et les grincements du cœur : l'absence de trouble. Mais, plus profond encore, il y a un silence de présence — la présence retrouvée de Dieu qui nous attend. Un silence qui parle sans parole. Les

« On pense ne pas savoir prier. C'est dans le fond sans importance, car Dieu entend nos soupirs, connaît nos silences. Le silence est le tout de la prière : Dieu nous parle dans un souffle de silence, et nous atteint dans cette part de solitude qu'aucun être humain ne peut combler. »

Frère Roger

« Le silence où Dieu se révèle à notre intimité ne peut être qu'un silence vécu comme un secret d'amour. »

Maurice Zundel

mots risquent toujours d'occuper la place de l'intime et de l'absolu. Est-ce qu'entre gens qui s'aiment, il n'arrive pas qu'on se comprenne et surtout qu'on s'aime sans rien se dire ? L'Autre est là et nous entrons en communion. C'est le silence de la contemplation et de l'adoration.

Pourquoi a-t-on si peur du silence ? Sans lui l'apostolat, la prédication, l'animation et la prière elle-même risquent de mourir d'un excès de paroles. Ce silence ne s'obtient pas sans peine. Il suppose une ascèse. Il ne dépend pas d'un coup de force. Il exige la patience et, comme toutes formes de prière, l'humilité, la persévérance, la confiance et l'écoute.

Avec des images

Les images aussi sont une source de prière. Il n'est même pas nécessaire de traduire par des mots la contemplation qu'elles provoquent.
Quelles images ? le porche des cathédrales (qui sont des bibles en prière), des sculptures sur bois, comme la Vierge douloureuse du maître de Chaource, des peintures comme les œuvres de Giotto ou de Fra Angelico, les fresques de saint Savin, le plafond de la chapelle Sixtine, certains tableaux de Georges de La Tour, de Gauguin, de Rouault. Des photos même : paysages, regards d'enfants par exemple.
Une place particulière doit être donnée aux icônes. Elles sont elles-mêmes des prières.

L'icône, c'est le Christ, le Dieu qui s'est fait visage ; c'est ensuite le visage de la Mère de Dieu et le visage de tous les hommes qui se sont faits transparents à la grâce. Ces amis de Dieu sont mes amis et me prennent dans leur ronde.

Olivier Clément

Avec des fleurs

« Dites-le avec des fleurs. » Pour une fête ou un anniversaire. Pourquoi pas aussi pour le Seigneur ? Se multiplient actuellement les sessions d'art floral liturgique. Il ne s'agit pas seulement de savoir faire un bouquet. Lorsque le langage est impuissant, les fleurs prennent le relais pour dire ce qui est en-deçà des mots.

Avec son corps

On peut, dans la prière, se servir de son corps : debout, incliné, à genoux, prosterné, les mains levées... Il est alors, en quelque sorte un instrument complémentaire, mais parfois même, surtout en Orient, une technique, voire une spiritualité, parfois très étrangère à la nôtre.
Mais s'il y a là parfois un danger, il ne doit pas faire oublier l'intérêt qu'il peut y avoir à intégrer le corps — et la danse — si longtemps méprisés par une certaine éducation religieuse, dans une démarche de prière.
Il y a bien encore d'autres chemins : la musique bien sûr et les merveilles de la nature : on peut prier très bien dans les bois et devant la mer, dans la montagne ou au désert.

La danse donne un prolongement à toute chose : à la pensée, aux gestes, aux sentiments. Vivre en unité avec l'esprit de Jésus réconcilie le corps et l'âme. C'est pourquoi la danse peut être un instrument de prière, une forme d'expression mouvante et émouvante de louange à Dieu.

Mireille Nègre

Les conseils de Jésus

Les conseils que donne Jésus sont inspirés par les comportements qu'il remarquait au Temple ou à la synagogue. Ce sont des « choses vues ». Peut-on dire qu'elles soient inactuelles ?

RÉCONCILIEZ-VOUS

Quand tu présentes ton offrande à l'autel, si là tu te souviens que ton frère a quelque chose contre toi, laisse là ton offrande devant l'autel et va d'abord te réconcilier avec ton frère.

Matthieu 5, 23-24

On dirait aujourd'hui : quand tu entres dans une église pour prier ou pour participer à l'Eucharistie, assure-toi que tu n'as pas de conflits avec ton frère, ou qui que ce soit. N'attends pas qu'il vienne te voir. Fais le premier pas. Il n'y a pas de prière vraie autrement. Mais si c'est toi qui as quelque chose contre quelqu'un, tu dois encore plus agir de même :

« Quand vous êtes debout en prière, si vous avez quelque chose contre quelqu'un, pardonnez, afin que votre Père qui est aux cieux, vous pardonne aussi vos fautes. »

Marc 11, 25

PRIEZ DANS LE SECRET

Et quand vous priez, ne soyez pas comme les hypocrites : ils aiment, pour faire leur prière, camper dans les synagogues et les carrefours, afin qu'on les voie. En vérité, je vous le dis, ils tiennent déjà leur récompense. Pour toi, quand tu pries, retire-toi dans ta chambre, ferme sur toi la porte et prie ton Père qui est là, dans le secret ; et ton Père qui voit dans le secret te le rendra.

Matthieu 6, 5-6

Heureux qui écoute la parole de Dieu *et qui la garde*.

Luc 11, 28

Ce qui est dans la bonne terre, ce sont ceux qui, ayant entendu la parole dans un cœur loyal et bon, *la gardent* et portent des fruits par leur persévérance.

Luc 8, 15

Et Marie *gardait* toutes ces choses dans son cœur.

Luc 2, 51

Est-ce à dire qu'il ne faille prier que dans sa chambre, en solitude ? Pas du tout. Quitter la foule pour prier, Jésus l'a fait. C'est parfois nécessaire. Mais ici, dans le contexte, « prier dans le secret », c'est prier dans le secret de son cœur, là seulement où on peut rencontrer Dieu, comme un fils rencontre son Père.

SOYEZ CONFIANTS

Dans vos prières, ne rabâchez pas comme les païens : ils s'imaginent qu'en parlant beaucoup, ils se feront mieux écouter. N'allez pas faire comme eux, car votre Père sait bien ce qu'il vous faut, avant que vous le lui demandiez. Vous devez donc prier ainsi : « Notre Père... »

Matthieu 6, 7-9

Ce conseil prend la suite des deux autres dans le texte de Matthieu. Et tous trois précèdent le Notre Père. Ils sont donc très importants, car le Notre Père est la prière chrétienne par excellence. La qualité d'une prière ne se mesure pas aux rabâchages et aux répétitions (cf. aussi Luc 12, 40, où Jésus dénonce « ceux qui affichent de faire de longues prières »). La vraie prière se mesure à la confiance **filiale,** qui anime le Notre Père.

Le pire, c'est d'abandonner... Bien qu'on marche à petit pas, tombant, se relevant, quand on ne cesse pas de marcher et d'avancer, on arrive, quoique tard, au but.

Thérèse d'Avila

SOYEZ HUMBLES

Deux hommes montèrent au Temple pour prier ; l'un était pharisien et l'autre publicain. Le pharisien, debout, priait ainsi en lui-même : « Mon Dieu, je te rends grâce de ce que je ne suis pas comme le reste des hommes, qui sont rapaces, injustes, adultères, ou bien encore comme ce publicain : je jeûne deux fois la semaine, je donne la dîme de tout ce que j'acquiers. » Le publicain, se tenant à distance, n'osait même pas lever les yeux au ciel, mais il se frappait la poitrine en disant : « Mon Dieu, aie pitié du pécheur que je suis. »

Luc 18, 9-13

Jésus regarde au Temple le comportement des Juifs, surtout des pharisiens, qui se croient meilleurs que les autres. Quelle relation peut-on avoir avec Dieu-Père si on se présente bardé d'orgueil, si on n'a pas conscience d'être pécheur ? Toujours la relation filiale.

L'infiniment aimant est infiniment pauvre, infiniment humble, infiniment dépendant.

François Varillon

EN TOUT TEMPS

Tenez-vous sur vos gardes, de peur que vos cœurs ne s'appesantissent dans la débauche, l'ivrognerie, les soucis de la vie et que ce jour-là ne fonde soudain sur vous comme un filet ; car il s'abattra sur tous ceux qui habitent la surface de la terre. Veillez donc et priez en tout temps, afin d'avoir la force d'échapper à tout ce qui doit arriver et de vous tenir debout devant le Fils de l'homme.

Luc 21, 34-36

Ce jour-là, c'est le jour du Jugement, le jour de la fin du monde. Mais le jour où tout s'arrête, c'est aussi celui de notre mort, qui peut arriver à tout moment. D'où le conseil de veiller et de prier « en tout temps ».

Priez sans cesse, et habitez l'amour du Seigneur,
aimés dans le bien-aimé,
préservés dans le vivant,
sauvés dans celui qui a été racheté,
et vous serez trouvés incorruptibles
dans tous les siècles, au nom de votre Père.
Alleluia !

Exhortation des premiers siècles

ENSEMBLE

Je vous le dis, en vérité, si deux d'entre vous, sur la terre, unissent leurs voix pour demander quoi que ce soit, cela leur sera accordé par mon Père qui est aux cieux. Quand deux ou trois en effet sont réunis en mon nom, je suis là au milieu d'eux.

Matthieu 18, 19-20

Le choix n'est pas entre la prière solitaire et la prière en groupe. Chacune a sa nécessité. Ce qui compte, une fois de plus, c'est de prier le Père, au nom du Fils.

SANS VOUS DÉCOURAGER

Deux paraboles ici, celle de l'ami importun (insister pour obtenir qu'on vous ouvre la nuit) juste après le Notre Père (Luc 11, 5-8) et celle de la veuve importune (qui finit par obtenir par son insistance que le juge lui rende justice : Luc 18, 1-5).

Dans ces deux paraboles, un seul conseil, très clair et très simple : « Il faut prier sans cesse et ne pas se décourager. » Si c'est vrai par rapport à un ami, à un juge, combien plus par rapport à Dieu ! Non pas du tout parce que Dieu veut qu'on l'importune pour qu'il réponde, mais parce que notre insistance est le signe de notre foi.

Ceci est vrai quand il s'agit de demander, ce l'est aussi dans l'action de grâces : « Que la prière vous tienne vigilants dans l'action de grâces, disait saint Paul (Colossiens 4, 2) et « en toute occasion, recourez à la supplication et à la prière, mêlées d'action de grâces, pour présenter vos demandes à Dieu ».

Prie dans l'espérance, prie avec foi et amour, prie avec persévérance et patience, prie comme un pauvre.

Saint Augustin (lettre à Proba)

Les leçons de l'expérience

Se préparer : on n'entre pas dans la prière comme dans un moulin.

Si on a des distractions, c'est une occasion unique de les intégrer dans la prière (Curé d'Ars).

Varier l'expression pour rajeunir sans cesse la prière.

Au temps des tentations, user d'une prière brève et intense (Evagre-IVe siècle)

Faire retraite : il ne manque pas de lieux pour tous les goûts.

Prier lentement : on va toujours trop vite !

En tous lieux : même dans la rue, dans les transports.

La plume à la main : c'était la méthode de Charles de Foucauld.

Participer à un groupe de prière.

Prier avec les enfants — et non pas les faire prier.

Il n'y a pas de trucs, mais il y a beaucoup de chemins.
Parmi ces chemins : le silence, les images, la musique, les fleurs, les gestes, le corps.

Mettre son cœur dans la prière sans trouver de mots est mieux que de trouver des mots sans y mettre son cœur. (Gandhi).

Ressources

Ce n'est pas un bibliographie. Il faudrait plusieurs volumes !
Seulement quelques pistes complémentaires.

SUR LA PRIÈRE

- **Apprendre à prier** par Bernard Bro, o.p., coll. Foi Vivante, Paris, Ed. du Cerf, 1978.
- **La prière, désir et rencontre** par Jean Laplace, s.j., Paris, Ed. du Centurion, 1974.
- **Oser prier** par Patrick Jacquemont, o.p., Paris, Ed. du Cerf, 1973.
- **Premiers pas dans la prière,** initiation aux prières du matin, du soir, du dimanche, par le cardinal Lustiger, Paris, Ed. Nouvelle Cité, 1986.
- **Petit pas pour la prière,** par François Becheaux, s.j., supplément à la revue **Christ, source de vie,** Toulouse, Apostolat de la prière, 1984.
- **Christ, notre bonheur,** apprendre à prier avec saint François et sainte Claire, par Michel Hubaut. Éd. Fayard, Paris, 1986.
- **La Faim et le rendez-vous,** initiation à l'oraison, par André Sève, Éd. Desclée de Brouwer, Paris, 1987.

SUR L'HISTOIRE DE LA PRIÈRE

- **Dictionnaire de spiritualité,** vol. 12, fascicules 83, 84, 85, coll. 2106 à 2347, art. « Prière ». Éd. Beauchesne.
- **Dictionnaire de la vie spirituelle,** Éd. du Cerf, Paris, 1983.
- **Histoire de la prière chrétienne,** un des rares essais sur ce sujet, J.-A. Jungmann, Paris, Éd. Fayard, 1972.
- **La prière,** par A. Hamman. Vol. 1 : dans le Nouveau Testament. Vol. 2 : dans les trois premiers siècles. Éd. Desclée, 1959. Du même auteur : **Abrégé de la prière chrétienne.** Éd. Desclée, 1987.

La prière est la rencontre de deux désirs : le désir de l'homme avec le désir de Dieu, ou plutôt l'assomption du désir de l'homme en celui de Dieu.

Bernard Bro

L'audace de la prière, c'est pour l'homme de croire que Dieu lui donne le pouvoir de l'appeler Père. La prière n'est pas une conquête au terme de nos efforts et de nos techniques humaines. Elle est un don de Dieu, celui de l'Esprit qui nous permet en tous lieux, en toutes circonstances, en tous temps d'oser dire : « Notre Père ».

Patrick Jacquemont

RECUEILS

- **Prière du Temps Présent,** la liturgie des heures. Édité par le Centre National de Pastorale Liturgique. Cerf-DDB-Desclée-Mame. 1980.
- **Le livre des jours,** office romain des lectures. Mêmes éditeurs, 1976.
- La collection « Prières de tous les temps », selon les spiritualités ou les thèmes, Paris, Éd. CLD.
- **Le livre d'or de la prière.** Anthologie : toutes les religions, tous les pays, tous les temps. Présentée par Alfonso M. di Nicola, coll. Marabout Université (Pierre Seghers).
- **Marie prières,** textes choisis et présentés par J.-P. Dubois-Dumée. Éd. Desclée de Brouwer, 1987.

REVUES

La revue **Prier** propose dans chaque numéro plusieurs pages de prières, ainsi que des articles sur les grands priants, des reportages sur les lieux de prière, et des renseignements sur les sessions. Dix numéros par an. Spécimen sur demande : 163, boulevard Malesherbes, 75017 Paris.

Et aussi les **Cahiers de l'oraison** (Troussures), 8, avenue César-Caire, 75008 Paris. **Vives Flammes** (Carmes). **Vie Chrétienne** (spiritualité ignatienne). **Christ, notre vie** (Apostolat de la prière) ; les revues charismatiques : **Il est vivant, Tychique ;** certains numéros de **Fêtes et Saisons** et des **Dossiers de la Bible** (N° 16 janvier 1987). Éd. du Cerf.

***Prier,* à l'infinitif. Comme marcher, chanter, lire, partir. Comme respirer surtout. La prière, c'est respirer. Et peut-on ne pas respirer ?**

DOCUMENTATION

- **Liste des maisons de vacances, de repos et d'accueil spirituel :** Association Saint-Christophe, 277, rue Saint-Jacques, 75014 Paris.
- **Liste des maisons de prière et d'accueil en Ile-de-France :** CERP, 8, rue de la Ville-l'Évêque, 75008 Paris.
- **Hors série Panorama aujourd'hui : les bonnes adresses de l'été :** 21, rue du Faubourg-Saint-Antoine, 75011 Paris.
- Pour tous renseignements sur les lieux de prière, les retraites, les livres concernant la prière, les images et les cassettes, on peut s'adresser au Centre de documentation des **Amis de la prière,** prolongement pratique de la revue **Prier,** 70, rue Jouffroy, 75017 Paris. Tél. : 43.80.94.11.
- Sur **Minitel,** accès 36.15 Gabriel, centre d'information du diocèse de Paris et accès 36.15 MP, magazine chrétien comportant un programme sur les lieux de prière.
- **Pour prier,** si on a besoin d'aide, appeler au téléphone **SOS prière** 42.73.11.70 à Paris.

Nous avons besoin de silence dans ce tintamarre de la vie, besoin de contemplation dans cette agitation, besoin de communication dans ce spectacle. Nous avons besoin de vérité, d'humilité, d'espérance. Nous avons besoin de Dieu.

*On peut vivre quelques jours
sans manger, mais pas sans prier.
La prière est la clé du matin
et le verrou du soir.
La prière, c'est une alliance sacrée
entre Dieu et les hommes.*

Gandhi

Sauf indication contraire, les citations de la Bible sont tirées du texte de la Bible de Jérusalem. Celles qui figurent p. 25, 26 et 27 proviennent de la traduction officielle de la liturgie (© AELF).

Crédits photographiques : p. 3, cl. Hayaux du Tilly ; p. 7, cl. C. Guéniot ; p. 11, cl. H. Sibbelee, « Le grand juge de Thérouanne », Notre-Dame, Saint-Omer (Pas-de-Calais) ; p. 13, cl. Bruckman-Giraudon, L. Crouach, *La crucifixion du Christ,* Francfort, Musée Städel ; p. 15, cl. Sr M.-Th. Cattoir, carmélite en prière à Zaza, 1964, Rwandha ; p. 21, cl. R. Gid ; p. 29, cl. Sr M.-Th. Cattoir, mère et enfant au pèlerinage de N.-D. de Guadeloupe, Mexique, 1968 ; p. 35, cl. J. Houzel, *La Vie ;* p. 41, cl. F. Carillon ; p. 44-45, cl. M. Gauvry-CIRIC.

76 bis, rue des Saints-Pères, 75007 Paris
ISBN : 2-220-02669-8

Achevé d'imprimer en octobre 1987 dans les ateliers de Normandie Impression s.a. à Alençon (Orne) pour le compte des éditions Desclée de Brouwer. N° d'éditeur : 87-73 — Dépôt légal : octobre 1987.